追着民宿去旅行

风景在远方·诗意在民宿

凤凰空间　编

江苏凤凰科学技术出版社

目录

十八迈

回归大山，延续岁月流过的痕迹

民宿地址：浙江省湖州市德清县莫干山镇庙前村山头上1号
房间数目：8间客房
平日价格：1280~1680元/天
假日价格：1680~2080元/天
设计师：裴晓军
摄影师：赵洪涛

1 | 背景 十八迈地处风景秀美的莫干山风景区，进山后历经 60 多个弯道，在 28.968 千米（18 英里）处方可看见几栋交错的丹麦风格小楼。美国加州 2030 千米的海岸线中有一个迷人的 17-Mile Drive(十七迈)，因两个小镇之间弯弯曲曲的沿海公路长 27.359 千米（17 英里）而得名，那这里最美的一道风景线就叫十八迈吧！

2 | 印象 十八迈是设计师夫妇裴晓军先生和 Emily 女士于 2015 年从美国回来后建造的精品民宿，位于莫干山景区山下的美丽小山村，四季翠竹环抱，山峦和田野交错融合，地理位置较好，周围环境也很安静。屋内木材的表面刷有橄榄油，留存着木头天然的香味，呈现出崇尚自然的状态。

3 | 体验 十八迈的建筑外观为丹麦风格，室内为浓郁的美式乡村风，从设计的选材、制作的工艺到整个施工的过程，裴晓军夫妇都细针密缕。壁炉旁的两匹木斑马是夫妇俩与儿子花了三天时间手工凿出来的。斑马，是自由的象征，两匹斑马，大概是自由追爱的意思吧。

4 | 住宿 除了8间客房（沐心、沐秋、沐春、沐雨、沐云、沐山、豌豆公主、月光骑士）外，还配有下午茶餐厅、中餐厅、室外泳池、露天烧烤区、户外酒吧、美式阳光廊和露台休闲区等设施。

导航搜索“莫干山十八迈度假酒店”即可到达。

在德清站下车后，打车至“十八迈”。

到达杭州萧山国际机场后，先乘坐机场大巴至德清客运站，然后打车至“十八迈”。

◎周边景点：

莫干山风景区、庾村文化市集、大斗坞水库、薰衣草庄园、discovery 探险基地等。

大乐之野·庾村

比城市幽静，比山野丰富

民宿地址：浙江省湖州市德清县莫干山镇黄郛西路 85 号
房间数目：15 间客房
平日价格：880~1280 元 / 天
假日价格：1480~1880 元 / 天（法定假日）
设计师：水雁飞
摄影师：陈颢（外景）、唐徐国（客房）

1 | 背景　大乐之野·庾村位于莫干山山脚下的百年风情小镇庾村，原址为民国时期黄郛小学教师宿舍。它还有个别名，叫“小镇姑娘”。莫干山镇庾村，是分叉到各个村子的必经之路，而“小镇”这个意象，也是大多数人出尘入世的理想生活状态。

2 | 印象

抵达“小镇姑娘”后，可以先去“LOST PLACE 野有集”咖啡馆来杯咖啡提个神，待到太阳快落山时，去戏水池边嬉戏，晚上在“WILDS 野有食”餐厅吃上一顿精致的素餐，再拐到村口的“野有酒”居酒屋喝上一小杯藏之师魂的芋烧酒，在星空的陪伴下回到房间，睡前翻一本民国旧史……这里集齐了所有对小镇的想象。

3 | 设计

以现代形式契合小镇主题，传统坡屋瓦顶、玻璃天窗以及金属瓦顶的运用使其充满变化，以复杂的体块交接来消解整体建筑体量。在不大的建筑体量中出现多种材料的运用，如修复型夯土墙、石墙、砖墙、钢体金属等，材质细节的交织让整个建筑在保留古朴质感的同时又能体现出现代建筑的细腻。结合外部树林与山景，利用有限的庭院空间组织多变的流线体验、庭院内景、溪水景观、树林景观等。充分利用玻璃，让光影、树影和室内设施相互映照。

4 | 体验 | 尽管大乐之野从最初就开创了落地窗风格，但这次在庾村，大厅里整面不被分割的玻璃，比起“田”字形或是“井”字形门窗更具有完整性，可以让光影、树影和室内设施相互映照。接待区上方安装了一块电动翻转窗户，户外的凉风可以随着窗户翻转吹进屋内，增添乐趣。餐厅位于顶层，内装为全黑色，与白色外墙形成反差，并与屋外红砖屋顶和绿意浓荫相协调。

5 | 住宿 大乐之野 · 庾村共有 15 间客房，其中主楼有 12 间，另外一幢是含 3 间客房、小花园及客厅的独栋别墅 LITTLE HOUSE。它同时还拥有一间无敌景观的顶层餐厅“WILDS 野有食”、一家需要点时间才能读懂其故事的咖啡馆“LOST PLACE 野有集”以及小孩儿“撒野”圣地 —— 户外花园及戏水池。

6 | 特色 | 作为配套完整的“小镇姑娘”，民宿配备了户外戏水区、桑拿房、SPA 小泡池等休闲设施。餐食以烧鸟串烧、和式小菜为主。无论春夏秋冬，“野有酒”居酒屋都是您工作之余缓解压力的避风港，深夜食堂里互诉衷肠，一杯浊酒，岂不快哉！

导航搜索“大乐之野莫干山庾村店”即可到达。

在德清站下车后，打车至“大乐之野·庾村”（车程 30 分钟左右）。

到达杭州萧山国际机场后，乘坐机场大巴至武康（车程 90 分钟左右），从武康打车至“大乐之野·庾村”（车程 25 分钟左右）。

◎**周边景点：**

莫干山风景区、下渚湖国家湿地公园、义远有机农场等。

大乐之野·绿山墙

远离尘世烦扰，徘徊丘陇之间

民宿地址：浙江省湖州市安吉县杭垓镇和村村
房间数目：一栋主楼、三栋别墅，共 24 间客房
平日价格：680~1280 元 / 天
假日价格：1480~2080 元 / 天（法定假日）
设计公司：本构建筑设计（上海）有限公司
设计师：相南
摄影师：唐徐国

1 | 背景　你若恰好读过《绿山墙的安妮》，定会被书中所描述的那座位于偏僻岛上，有着绿山墙的乡间小屋所吸引。大乐之野 · 绿山墙还原了书中所写的野趣之乐。一面是竹海连绵，有“几”字形的河流蜿蜒而过，一面是柔美的山脉与茶田。而绿山墙位于正中的山丘之上，占据极好的地理位置。

2 | 印象

走在大乐之野 · 绿山墙的小路之上，随处可见各种果树，因为原址是果园，所以绿山墙的四栋别墅分别以“木香”“核桃”“板栗”“松果”命名。

“野有食”餐厅位于木香一层，提供安吉最地道的菜肴以及特色菜（农家土鸡煲需提前 3 小时预订，水库鳊鱼需提前一天预定），从味蕾开始，唤醒所有关于乡野生活的回忆。“Lost Café ”咖啡馆位于木香一层，吧台里摆放着各色预调酒和咖啡机。会有帅气的小哥为你调制鸡尾酒，手冲一杯现磨咖啡。“Lost Café ”的咖啡学堂教你如何认识咖啡豆以及如何冲出一杯自己喜欢的咖啡。

3 | 体验

主楼配有餐厅、咖啡馆、儿童阅览区及 7 间客房，另有三栋独立别墅，分别为两栋 5 房与一栋 7 房。户外有娱乐休闲的泳池和火塘（篝火区域）。每栋别墅的一楼，都设有宽敞的公共空间，配备电视和长桌，为聚会、闲聊或是桌游提供了理想的场地。木香主楼一层有供孩子玩耍的娱乐区域，提供了一些毛绒玩具和儿童读物。

4 | 住宿

客房中的整面玻璃可以将窗外的景色毫无遮拦地呈现，任阳光明媚或是电闪雷鸣，瞬息万变才别有风味，那是自然的味道，无须粉饰雕琢。室外的游泳池正对山景，运气好时可以看到玫红色的火烧云，将半边天染上瑰丽而又神秘的颜色。绿山墙的最高点设置了一处火塘，是冬日围炉夜话、观赏美丽星空的极佳之地。

导航搜索“大乐之野绿山墙”即可到达。

在湖州站或德清站下车后，打车至“大乐之野绿山墙”（车程 2 小时左右）。

到达杭州萧山国际机场后，打车至“大乐之野绿山墙”（车程 2 小时左右）。

◎周边景点：

Hello Kitty 主题乐园、中国大竹海、浙北峡谷漂流等。

墨田

竹林绰影，归隐田园

民宿地址：浙江省湖州市德清县莫干山镇紫岭村
房间数目：9 间客房
平日价格：1180~1680 元 / 天
假日价格：1380~1980 元 / 天

1 | 背景　墨田的原址上本有民宿主谢郑锋父母的一幢老宅，谢郑锋再三考虑后，最终将老宅拆掉，把邻居家的一栋别墅买下，改造成如今的民宿。“墨田”的名字也很有讲究，源于主人经营民宿的初衷，即享受浓郁的乡村田园风情。

2 | 印象

民宿位于莫干山半山腰，距离莫干山风景区只有 30 分钟的车程，四面环山，前面有架高的露台，能够眺望远方，后面是竹林。这里终年蓝天白云，没有雾霾，空气质量优等，春天可以踏春，夏天可以避暑（莫干山是中国四大避暑胜地之一），秋天可以看红枫和银杏，冬天可以看雪景。

3 | 设计

墨田的外形设计参照了当地 20 世纪七八十年代的建筑风格，白墙黑瓦，简单大方，和周围的群山、竹林相互映照、相得益彰。室内采用了日式的装饰风格，干净整洁，让人倍感舒适。房间的名字以二十四节气命名，软装也是根据节气的特点来装修的。春分，小草萌芽的季节，以浅绿色为主；小雪，乍寒飘雪的季节，以灰白色的基调为主；小满，丰收喜庆的季节，房间以橘红色为主……

4 | 情怀

墨田有着不一样的初衷和背景故事（民宿主夫妻俩从 2010 年结婚至今，先后经历 5 次胎停，看遍国内各大医院，却查不出确切的原因），为了拥有一个宝宝，夫妻俩放弃杭州的生活和外企的工作，回到莫干山经营民宿，现在也经常外出上海、北京、长沙、杭州做身体检查和治疗，在外出期间，墨田都是暂停营业，因为他们认为民宿主人是民宿的灵魂，客人入住如果没有民宿主在，那么民宿的体验就会欠缺。

5 | 体验

进入墨田之前需要先经过一片茶场，随后进入一条长廊，映入眼帘的是表现“二十四节气生活”的空间，一切安静得不像人间。站在客房的卫生间里抬眼就是竹林，洗手台上也有植物点缀，到处都透着主人的用心和考究。墨田很自然地流淌着乡村气息，植物的枝叶在院内随风飘动，一切都自然、平和而又生机勃勃。

6 | 住宿

墨田有9间客房，分别在两栋别墅里，为了让自己和客人能够从忙碌的生活中真正抽离出来，主人还特意打造出一个禅房，使进入的人能够放空身心，得到安宁。墨田是莫干山唯一一家脱鞋入内的高端民宿，其五金、洗漱用品及家居建材均采用进口品牌。餐饮采取预约制的形式，食材全部来自谢郑锋父亲亲手种的菜、竹林里放养的家禽，绿色环保。

杭州火车东站到德清站车程 13 分钟左右，打车至“莫干山墨田”。

到达杭州萧山国际机场后，乘坐机场大巴至德清县（车程 25 分钟），然后打车至“莫干山墨田”。

◎**周边景点：**

莫干山风景区、下渚湖国家湿地公园等。

遥远的山

云涤荡，鸟飞翔，树婆娑，虫低吟

民宿地址：浙江省湖州市德清县莫干山镇劳岭村岭坑里 13 号
房间数目：17 间客房
平日价格：1380 元 / 天
假日价格：1680 元 / 天（周末）；
1980 元 / 天（法定假日）
设计师：王喆仡

1 | 背景

遥远的山由男主人王喆仡亲自设计，做了 20 年设计师的他设计过无数酒店，这次为自己设计了一所民宿，将乡土文化与度假享乐完美地结合在了一起。女主人 Jane 是美籍华人，2013 年初来莫干山度假，一眼就看中了现在的这块地方，于是便有了遥远的山，成就了他们现在在山里的家。

2 | 印象 这里远离闹市，但交通便利。经过一段蜿蜒的盘山公路，穿过劳岭隧道，见到石头垒成的矮墙面，茅草搭成的门头下小木门虚掩，一脸呆萌的松狮犬糯糯慵懒地坐在大门前，这便到了遥远的山。一方悠然的庭院，几间茅草的小屋，一汪碧蓝的泳池，开门见山，在这里，你将与一片悠然宁静不期而遇。

3 | 设计 遥远的山本为民房，推倒后重建，民宿主人王喆仡在两栋主楼外观上保留了当地的灰土墙，并大量运用了莫干山的竹子作为外观装饰，采用了乡村特有的石块、老木头、茅草等材料，砌墙铺路，代瓦盖房，门口进来的凉亭是用老木头和茅草搭建的，独栋的休息区兼书房则是石块、茅草和竹子的完美展现。房间里的设计，也充分利用了一些具有本土特色的材料，如土墙、老木板、老家具、酒缸、竹编等，加上精致的内饰装修，真正做到了土洋结合。

4 | 住宿 遥远的山一共有17间客房，每个房间都有一个诗意的名字，加上斑驳的土墙、老木门、铜制门环、陶罐以及阳台的竹椅等，都极好地诠释了东西交融的意蕴。这种山间的静谧是城里不曾拥有的，放空自己，将一切交给大山，在山间、在溪边、在竹林里，聆听自然的声音，感受自己真正的内心。

5 | 入住指南

1. 地处山区，需提前一天预订晚餐；
2. 用餐标准为100元/人，菜品为中式农家菜；
3. 每间客房入住人数上限为2人；
4. 不可携带宠物入住。

导航至“莫干遥远的山”，过劳岭隧道后左转 50 米即可到达。

抵达德清高铁站（或先到杭州东站后换乘高铁至德清高铁站）后可选择打车至民宿，或者请民宿协助安排车辆接送（车程 45 分钟）。

到达杭州萧山国际机场后，可选择打车至民宿，或者请民宿协助安排车辆接送（车程 1.5 小时），还可以乘坐机场大巴（湖州、武康线）先至武康站，再打车至民宿或请民宿协助安排车辆接送。

◎周边景点：

莫干山风景区、下渚湖国家湿地公园、庾村民国风情小镇等。

呆住 · 无界

翠竹掩映，方显宁静悠远

民宿地址：浙江省湖州市德清县筏头乡大造坞村观音堂 92、93 号
房间数目：18 间客房
平日价格：1280~2080 元 / 天
假日价格：1480~2080 元 / 天

1 | 背景　呆住 · 无界隐于莫干山的大造坞村观音堂的一片竹林中，让人们对于房子的设想回归原始，并与对自然的向往相结合。在这里不会有太多人工雕琢的痕迹，呆住 · 无界的初衷是对理想的家的向往、对拥抱自然的渴望、对释放心灵的祈盼。

2 | 印象

在这里，推窗即见板栗树的树枝，栗子成熟时，随手便可摘下一二；山泉水从房间流过，出门即可邂逅竹林……在这里生活，才明白畅快自然是何种体验。民宿主人对无界的初衷起源于对家、对房屋的向往，以及对拥抱自然、释放心灵的渴望。无界表现的不仅是建筑的设计，更是生活的设计，还有人与人、人与自然之间关系的重塑。

3 | 设计

设计师对当地的素材予以充分的研究，每一个空间，无论内空间、外空间或灰空间，在运用过程中对地域特色与文化都予以充分的尊重，在现代主义风格的定义之下，实现传统文化的传承与延续。

4 | 住宿 | 无界设有多种房型的客房，房内配置地暖、茶席、手工木质家具、全棉麻床品、纯天然洗浴用品等，店内还配有具有水乡特色的美食餐厅、会议室、中庭休闲区、温泉泡池等区域，同时民宿还举办丰富的亲子活动，如挖冬笋、做竹子手工饰品、3D 打印、包饺子等。

导航搜索“呆住·无界精品酒店”即可到达。

到达德清站后，打车到“呆住·无界精品酒店”（车程 1 小时左右）。

◎周边景点：

莫干山风景区、大斗坞水库、对河口水库等。

青垆

垆边人似月，皓腕凝霜雪

民宿地址：浙江省湖州市德清县五四村梦溪湖 2、3 号楼
房间数目：13 间客房
平日价格：880~1580 元 / 天
假日价格：1280~1980 元 / 天（周末）；
1480~2180 元 / 天（法定假日）
设计师：张健
摄影师：刘宇杰

1 | 背景

青垆如一位温婉的江南女子，安静地依偎着梦溪湖，望山观水，闲看流云，在青色印染的环境中，寄予本真的生活状态。莫干山一向以“竹林山海”著称，这里几乎 99% 的民宿皆以此为“仰仗”，看山景，居竹林。而青垆身处梦溪湖，拥有开阔的水面，较其他莫干山民宿更多一重景观。

2 | 印象 | 依黛山，傍清水，眼前湖面烟波浩渺，对岸青山翠岭连绵起伏，青垆的整体设计与大自然融合，没有隐居山林的孤僻，却有着契合都市人的恰当距离感。

3 | 设计 | 设计整体秉承“亲近自然”的理念，室内空间简洁通透，看似不加粉刷的水泥墙留存原本的纹理，清爽自然，搭配原木和铜制家具，舒服温暖，使人亲近。

4 | 体验 | 望着碧水青山，思绪会随水流漂向山林，管家服务贴心，定制的当地观光线路舒适宜人，更有当地手工艺等传统文化体验项目。

5 | 特色 | 青圹是莫干山唯一一家亲水民宿，除了竹林山海，还有独一无二的湖景风光，整体设计简约而又温馨，能够很好地体现生活的美学。

6 | 住宿

青垆共 13 间客房，每个房间都有自己的特色，可以从不同角度观赏梦溪湖及远处群山，分别为湖景、山景和豪华湖景，其中湖景房都设计为落地窗，展现最好的景观效果。一楼是集咖啡厅、慢吧、餐厅为一体的多功能区域，能满足各种聚会、会议等需求。开放式的中西厨房，更能满足部分客人想要给亲朋好友一展厨艺的心理。

导航搜索“莫干山青垆酒店”即可到达。

在德清站下车后，打车至“莫干山青垆酒店”。

到达杭州萧山国际机场后，打车至“莫干山青垆酒店”。

◎**周边景点：**

莫干山风景区、下渚湖国家湿地公园、庾村民国风情小镇、瓷之源 DIY 陶艺制作、义远有机农场等。

酉田花开

偶遇酉田，花开正好

民宿地址：浙江省丽水市三都乡酉田村 29 号（距松阳县城 9 千米）
房间数目：12 间客房
平日价格：580~1980 元 / 天
假日价格：680~2380 元 / 天
设计师：林森
摄影师：王云梅、Llina

1 | 背景

酉田花开的小主人朵儿是一位有着过敏体质的小朋友。为了躲避城市里的雾霾，父母带她来到了丽水。在花开遍地的时节遇见酉田，在最美的时光邂逅酉田花开。于是，父母两人辞去了工作，民宿的情怀在此落地生根。欣逢盛世，村落之态现于影卷之中，方为域外知晓。偶遇酉田，花开正好，“中国传统村落”桂冠落于斯，“浙江省历史文化村落保护利用示范项目”始于此。

2 | 设计

男主人负责民宿硬装部分，女主人负责软装部分，各空间的风格多样，色彩亦是多样化。秉承“就地取材、环保低碳”的设计理念，巧妙整合、利用原有建筑空间、布局，细部改造尽显智慧。朵儿咖啡馆的隔壁是艺术空间，这里既有北欧牧风的古朴与粗犷，又有田园诗境的宁静与浪漫。二层外面是朵儿咖啡馆的露台，视野开阔，直面山景，如临仙境，理想中的生活莫过如此！

3 | 住宿 酉田花开的朵儿咖啡馆和 3 间客房（陌上、花开、缓缓归）由村落里闲置的牛栏改造而来，红豆别院是由老书记的家改建而成，现已成为一栋 MUJI 风的小别墅，可以住两户人家，主人还特别设计了一个温馨自然的儿童房。花朴小筑的 5 间客房由花色定基调，以花色来命名，即青蓝、浅绿、蜜橘、雅灰、稚粉，它由五心小学改建而成，以自然、清新的风格为主。望松堂餐厅在保留原古建筑传统风貌的前提下，局部加以修缮，可以容纳 30 余人在此用餐。

4 | 入住指南

1. 酉田花开民宿所在区域自然生态良好，紫外线较强、蚊虫较多，请做好自身防蚊虫、防晒工作，若需帮助，请咨询前台。

2. 由于山区传统村落需保持其原生态风貌，咖啡厅区域及“缓缓归”“陌上”“花开”房间的室外平台，块石垒筑高度不高、木质栏杆缝隙较宽，请家长务必教导孩子注意安全，不可攀爬块石矮墙、平台栏杆。

3. “红豆别院”的景观水池：禁止儿童独自戏水，请家长务必用心陪伴戏水儿童；身体不适、饮酒后的客人请不要使用、靠近水池，以保证自身安全。

4. “红豆别院”中厅上空的防护网：请家长照看好孩子，注意安全，请勿在防护网上追打、弹跳，以防发生危险。

5. 请客人在使用“缓缓归”二层阁楼时，叮嘱儿童不要攀爬屋架，切勿拉扯、故意躺靠防护网，以防发生危险。

导航搜索“酉田花开”即可到达。

到达丽水站后，打车至“酉田花开”（车程 90 分钟左右）。

至温州龙湾国际机场后，乘坐机场大巴至松阳，打车至“酉田花开”（车程 2 小时 40 分钟左右）。

◎周边景点：

杨家堂村、大木山骑行茶园等。

云端觅境

云起云落，云卷云舒，尽收眼底

民宿地址：浙江省丽水市松阳县四都乡西坑村
房间数目：14 间客房
平日价格：990~1215 元 / 天
假日价格：1100~1350 元 / 天（周末）；
1680~1880 元 / 天（法定假日）
设计公司：杭州觅境文化创意有限公司

1 | 背景 云端觅境精品民宿是“觅境”品牌旗下的重要项目。觅境，乡村新美学综合服务商品牌，由 80 后国内优秀设计师、品牌规划师合作创办，产业分布于乡村空间营造、文化推广、产品经营、旅游投资、农产品开发等领域。云端觅境精品民宿位于知名民宿过云山居之上，海拔 650 米，占据了当地观云景、观山景的最佳地理位置。

2 | 设计

作为数量甚少的山地式、院落化、高品质古村民宿，云端觅境精品民宿在数幢已经坍塌的土房废墟上，将散落在地的黄土重新利用，通过机械化整体夯制技术，加入松阳特有的端午茶草药重新级配，成就了外立面依旧古朴，内里极具设计感、现代感、穿越感的建筑群落。面对云山，云端觅境的建筑师们给出了空间设计的三个策略：“重台”“叠屋”“内巷”。

3 | 体验

云端觅境精品民宿占地 2000 平方米，是目前国内领先的优质民宿项目，也是国内少有的独自拥有多个高颜值、大面积宽敞公共区域的民宿：一楼接近 300 平方米的咖啡厅和酒吧、200 平方米的观景平台；二楼 200 平方米的露天酒吧；以及拥有“深夜酒吧”的故事分享小剧场。能观云海、瞰古村落；能喝咖啡、品茶品酒；能一个人安静发呆，也能数人热闹聚会；能约上老朋友，也能认识新朋友。从此不云游，云游从此起。

4 | 住宿 云端觅境精品民宿有 3 个院落共 14 间客房，选取了古村内位置绝佳的几幢古民居加以设计、改建，充分结合当地的古村特色、当地文化，浓缩成经典浓厚的特色元素，并将这些元素融入 14 间客房与特色空间中。每一间客房都有截然不同的设计、格局和景观，一房一世界。所有的房间都能躺在大浴缸里数星星，一开窗云就会飘进来。

导航搜索“云端觅境”即可到达。

到达丽水站后，打车至“云端觅境”。

◎周边景点：

大木山骑行茶园、杨家堂村、石仓清代民居群等。

栖间堂

春风十里，归巢栖间

民宿地址：浙江省杭州市西湖区龙井路里鸡笼山 53 号
房间数目：6 间客房
平日价格：380~1280 元 / 天
假日价格：480~1380 元 / 天（周末）；
580~1480 元 / 天（法定假日）
设计师：陈林平

1 | 背景　栖间堂有一幢白色建筑和一个小庭院，位于龙井路里鸡笼山的半山腰，茶山环绕。由于栖间堂拥有 6 间客房、1 间会议室，一共 7 个房间，设计师最初为其取名为“七间堂”，而后将“七”改为栖息的“栖”，意味着来到这里的宾客可以栖息、安住于此。

2 | 印象　栖间堂位于杭州西湖景区龙井山区的一片茶园中，毗邻西湖，是一处由民房改建而成的时尚民宿，拥有精致的庭院及客房。在此，宾客可以将龙井茶田和西湖边的群山美景尽收眼底，也可以品味十大名茶之一——西湖龙井。在天明前采摘，手工制茶，品香。可以像王维所说的“山中习静观朝槿”一样，习茶，习静，安住，禅坐。

3 | 设计

栖间堂由三位设计师倾心打造而成，在建筑、室内、装饰等三个方面巧费心思，从蒙德里安的非具象绘画中提取符号元素运用到室内设计中，将龙井茶田和西湖边的群山美景无限放大。以工业风为主，粗糙自然的纹理、古朴无华的水泥饰面、裸露在外的木材……处处都流露出建材的本真形态。

4 | 体验 栖间堂的简洁明快表现了禅之寂静，直指心源。在这里，你可以远离烦恼，能达到“心止于一境，离散乱而得定”的境界。这里有茶田和庭院的融合，水泥和老木头的碰撞，还有虫鸣和鸟叫，城市近在咫尺，心却远在天边。栖间堂的六间客房采用与五星级酒店相同规格的床品、洁具及洗漱用品。每个房间都有其独特的地方，例如“东阁”，位于三楼，视野非常开阔，可以欣赏茶园美景。傍晚，可以在欣赏美景的同时享受舒服的泡泡浴。

栖间堂距杭州城站火车站 20 千米，打车 25 分钟即可到达。

栖间堂距杭州萧山国际机场 45 千米，打车 60 分钟即可到达。

◎**周边景点:**

灵隐寺、满陇桂雨、九溪十八涧、茶叶博物馆、龙井八景等。

御墅客栈

草木茂盛，白墙黑瓦

民宿地址：浙江省杭州市西湖风景名胜区
龙井路双峰新村 97 号
房间数目：10 间客房
平日价格：400~1200 元 / 天
假日价格：500~1300 元 / 天（周末）；
700~1500 元 / 天（法定假日）

1 | 背景　杭州御墅客栈是由中国美院艺术设计师和庭院景观设计师精心打造的，别致的设计将传统的魅力与现代的奢华结合得恰到好处，古色古香的江南本土特色，与古朴的内室、别致的庭院交相辉映，自然环境与艺术设计及江南文化完美融合。

2 | 印象 去往御墅客栈的路上要经过茶叶博物馆，穿过茶园，一路上一大片绿色扑面而来，带给人满满的大自然气息。赏览茶园之余还可以去茶叶博物馆深入地了解龙井茶文化。茶园深处，一排紫色半人高篱笆掩于树下，小径铺满白沙，庭院深处草木茂盛，白墙黑瓦，特别是那匹木枝拼接的马，以其震撼人心的视觉设计成为一道独特的风景线。

3 | 体验 在御墅客栈最常见的就是主人与客人一起下厨做五湖四海的美食，一起把酒言欢。在这里能让你忘却工作的烦恼，放松心情，感受到家庭般的温馨。

4 | 住宿 | 御墅客栈以现代简约风格为主，时尚文艺。室外为江南园林设计，室内各处可见原木家具及饰品，墙面是混凝土色，搭配原木家具，凸显出朴实的质感。客栈的每间客房均提供新鲜的虎跑泉水和当年的龙井新茶。

导航搜索“杭州御墅客栈”即可到达，客栈门口有停车位。

在杭州东站下车后，可乘坐地铁 1 号线到“龙翔桥站”，然后乘坐 27 路公交车至“双峰站”，再步行约 700 米即可到达御墅客栈。

◎**周边景点：**

茶叶博物馆、灵隐寺、满陇桂雨、花港观鱼等。

夕霞小筑·西湖山居

无须远方，唯有诗行

民宿地址：浙江省杭州市西湖区北山街 27 号
房间数目：15 间客房
平日价格：780~1580 元 / 天
假日价格：880~1780 元 / 天（周末）；
980~1980 元 / 天（法定假日）
设计师：郑相巍
摄影师：雪梨

1 | 背景 | 夕霞小筑背倚宝石山，面朝断桥，东邻大佛寺旧址，依窗可见明正德十六年间（公元 1521 年）建造的大佛半身像，石佛东边崖壁上还有明代监察御史施儒题刻，大书“古石佛院”。西邻为坚匏别墅，始建于清末民初，属中式庄园别墅，民国时期曾为陈布雷居所。

2 | 印象

夕霞小筑坐落在保俶塔脚下，设有面朝西湖的传统庭院，拐进一个拱形门，沿石阶拾级而上，一切喧嚣都不复存在。石阶的两旁是低低垂落的木槿花，不时有开过的花从枝头跌落在脚边。石阶的尽头，便是清新秀美的江南院落了，院落布置得错落有致，还种有许多不同品种的月季和美丽的绣球花。

3 | 体验

建筑依旧保留了原有的结构与元素，“晚婚晚育”的标语依旧钉挂在红色的旧木门上，经过时光打磨，斑驳脱落，满是岁月的痕迹。这里分为上、下两院，上院山门倒厦内有四块碑刻，三块是乾隆亲笔手书的大石佛题诗刻碑，有“乾隆”“古稀天子之宝”等印，一块为时代未明的“弥勒院重建大悲阁记”碑刻。下院依山而建，庭院宽敞。院内两棵百年的银杏树，春夏遮天蔽日，深秋一地金黄，令人叹为观止。

4 | 体验 翌日早起，推开房门，目之所及皆是美景，远处青山巍峨，千年古木绿荫遮蔽，青苔长得恰到好处，可晨跑至宝石山，登高望远，观赏日出。再散步回来，到餐厅享用早餐。断桥人流如织，坐在门口的榻椅上，足不出户便可静看西湖美景。

5 | 美食 夕霞小筑的桃胶红烧肉和鳗鱼饭上过湖南卫视的节目《天天向上》，很受欢迎。另外，夕霞小筑也提供精酿啤酒，野格力娇酒和苦艾酒是两款有性格、有故事的酒，会给人们带来味觉的惊喜体验。除此之外，夕霞小筑还为客人们准备了几款苏格兰单一麦芽威士忌。威士忌会以单杯价格提供双份量，在复古的氛围里，爱酒之人自有贪杯的理由。雨雾里也好，风雪里也好，西湖露台上，一杯酒，可消愁。

导航搜索“夕霞小筑”即可到达，可将车辆停至附近的保俶塔停车场，也可以将车辆停至黄龙体育中心换乘公交车至北山路景区。

到达杭州东站后，打车至“夕霞小筑”。

到达杭州萧山机场后，打车至“夕霞小筑”。

◎周边景点:

断桥、白堤、保俶塔、孤山等。

泡茶等花开

修旧如旧，山中岁月长

民宿地址：浙江省龙泉市西街街道下樟村 2 号
房间数目：5 间客房
平日价格：580~780 元 / 天
假日价格：780~980 元 / 天（春节期间）
设计师：赵林方
摄影师：凌华、韩有鹏、朱向辉

1 | 背景 泡茶等花开所在的下樟村是浙江西南地区保存最为完好的古村落之一，入选“中国历史千年文化名村”，村内溪涧奔腾，巨樟绕瀑，村落呈梯田状依山傍水排列，进入村落的那一秒，便能找回身体里沉睡的田园乡愁。民宿的建筑主体是一栋始建于清代道光年间的四合院，为下樟村太始祖郑桓公三房七世孙——地主长云公所建。

2 | 印象 这里风景优美，依山傍水，村民保持着较为原生态的生活习惯，日出而作，日落而息。花瓶中巨大的蕨叶、火红的柿子都来自村中野地，在这样一座亦古亦今的宅子里，舒舒服服地窝着就是最大的享受。

3 | 设计 泡茶等花开在原有建筑的基础上，融入现代生活元素。让人在进入老宅的那一秒，感觉像回到明清时期的老房子。老宅幽暗，在改造中使用了大面积的玻璃，百年老宅原有的结构和韵味在改造中得到了保留。除了增加必需的卫生间和空调等设施外，原有的风貌都得到了延续。宅中用家具和配饰营造出了一个适合喝茶发呆的好地方，并设计了步移景异的禅意布局。

4 | 体验 喜爱乡村生活的人会在这里找到中国传统村落的感觉，从村口千年枫香古树下，踏上鹅卵石铺成的小路，不认识的村民也会向你露出和蔼的笑容。主人特意规划设计出图书室、琴房、茶室、酒吧，将红灯高悬的宽大中堂作为公共空间。即使客满时大家一起坐在厅堂中也不觉拥挤，很多原本不相识的人，喝着茶，谈笑风生，就彼此成为朋友。民宿里有三只可爱的店猫，分别叫般若、自在和多多，性情自由，高兴的时候会来找主人撒娇。

5 | 住宿

泡茶等花开拥有 5 间客房、老宅中堂、书房、琴房、酒吧咖啡厅等空间。天井处有一口古时大户人家防火用的大水缸和一个盆景。中堂有供客人喝茶聊天的大长桌，以前的左右主卧现已被改造成餐厅和酒吧咖啡厅。住宿房间在二楼，左右各一个楼梯，两两相对，相互对称。田园土房间在一楼右边，打开房间过道的门，是一个小天井，首先入耳的是泉水滴入石臼的声音。

6 | 入住指南

1. 整栋出租限住 5 个三口之家，如果是朋友聚会，则限住 12 位成人。整院出租的价格为 3200 元 / 晚，春节期间上浮 1000 元 / 晚。

2. 不设电视、扑克、麻将，设有 Wi-Fi，可带宠物。

3. 为了防火安全，吸烟的客人请不要在房间里吸烟。

导航搜索“泡茶等花开民宿”即可到达，可在浙江省龙泉市西街街道下樟村停车场免费停车。

到达丽水站后，可打车至“泡茶等花开”或联系管家安排出租车接站。

到达温州龙湾国际机场后，乘坐大巴到龙泉站，再打车至下樟村。

◎**周边景点：**

白云岩景区、叶绍翁故居、青瓷宝剑苑、西街古街、青瓷博物馆等。

既下山 · 沙溪

探索旧时光，寻觅新灵魂

民宿地址：云南省大理市剑川县沙溪镇寺登街 115 号
房间数目：23 间客房
平日价格：780~1580 元 / 天
假日价格：930~1890 元 / 天
设计师：蔡旭

1 | 背景　沙溪，坐落于大理剑川县的群山之间，澜沧江水系黑惠江纵贯其间，作为茶马古道上最后一个古镇，沙溪入选了“101 个世界濒危建筑遗产保护名录”，至今仍完整地保留了古寨门、古寺庙、古戏台、红砂石板街道。

2 | 印象　大厅内保留了原建筑中的两堵石墙并加以利用，成为大厅与餐厅的隔断，作为书架使用，历史旧物于现代建筑中被重新利用。庭院内的花草随意摆放，是山野闲趣的一种延伸。房间内部以简约的风格为基调，多以实木家具为主。酒店内部所有装饰画均由大理农民创作，画作内容从大理的植物、作坊劳动场景到大理传统祭拜活动均有所表现，色彩浓烈而鲜明。

3 | 设计　整体项目采用了传统的庭院式构造，从大门处便沿袭了传统沙溪建筑的设计手法，将门正对远山的最高处，取“凸为阳，凹为阴”之意。于两栋旧院的基础上增添两栋新院，新院在用材上仍选择以当地黄土夯墙，架构上则采用整木做梁和“见尺收分”的建造方式，充分体现了既下山 · 沙溪对于传统建筑的尊重与坚守。

4 | 体验　既下山 · 沙溪每一间客房都采用最质朴的布艺沙发，部分客房和公共区的卫生间做了半开放式的处理，以参天芭蕉环绕四周，可观星赏月，充分展现人与自然和谐统一的关系。带有白族风情的庭院里看似“杂草丛生”，但却透露出设计师乡野闲趣的小心思。那些野生的马尾草、灯芯草、蕨类植物在院中肆意生长，山林野趣瞬间弥漫开来。

5 | 特色　既下山·沙溪推出非客房服务模式，贴心的私人管家能带你全方位地游览沙溪，做一日朴实的沙溪人。这里不仅有游览沙溪古镇这样的常态线路，客人们也可以参与一次线路的私人定制，去感受极致的当地文化，与当地人建立文化上的深层连接，真正地远离喧嚣，深度体验旅行带来的轻松、乐趣。

导航搜索“剑川沙溪·既下山 SUNYATA 酒店”即可到达。

在丽江火车站下车后，可提前预约网约车或打车前往（大约 2 小时车程）。

到达丽江三义国际机场或大理荒草坝机场后，可提前预约网约车或打车前往（大约 2 小时车程）。

◎周边景点：

石宝山、龙门箐、白龙潭风景区、沙溪古镇等。

既下山·拾山房

拾苍山眺洱海，激起心中年少

民宿地址：云南省大理白族自治州大理古城区苍海高尔夫社区
房间数目：13 间客房
房间价格：1280~2680 元 / 天
建筑师：李骏、何飙
设计师：谢柯、支鸿鑫
摄影师：李骏、何飙、存在建筑

1 | 背景 | 既下山·拾山房毗邻大理古城崇圣寺，坐落在远离喧嚣的苍海高尔夫社区内。它是一座依山而建的简约建筑，视野开阔。

2 | 设计 | 在设计过程中，没有对风格与形式的刻意追求，更多的是基于环境与功能需求的顺势而为。在这里，主角不是建筑和空间，而是苍海流云、四季时光，以及时光中感受宁静的你我。正如既下山 · 拾山房的英文名“Pure House”一般，整个民宿希望用最简约的设计方式提供给人们一种回归质朴的生活场景。

3 | 体验

服务上不仅满足“宿”的舒适需求，也创造“旅”的深度体验。除了提供一对一的管家服务、高品质的专车接送服务，还为食客定制本土食材调制的中西式料理，为顾客配置了高尔夫体验之旅、瑜伽课程等。苍山之下，洱海之滨，它是下山者的中转站，往上可以体验溯溪苍山十八溪的野趣，享有看山看海的壮阔思绪，往下可以融入古城闲情逸致的日常生活。

4 | 住宿 既下山 · 拾山房提供了宽敞明亮的居住空间，13 间客房各具特色，每个房间面积都在 60 至 120 平方米之间，均带有宽大的观景阳台或私家庭院。由于建筑依山而建，为确保充足的日照和良好的景观视线，房间的布局和朝向都各具特色，设计师巧妙地为每个房间设计了形式各异的专享宽大露台及私密庭院空间，带给客人多样化的入住体验。

导航搜索“既下山·拾山房苍海高尔夫酒店”即可到达。

到达大理火车站后，订房即享受免费接站服务。

到达大理机场后，订房即享受免费接机服务。

◎周边景点：

崇圣寺三塔、大理古城、无为寺、寂照庵、苍山洗马潭索道等。

己巳巳古迹花园客栈

回味历史气息，慢享惬意时光

民宿地址：云南省大理市喜洲城北村 12 号
房间数目：16 间客房
平日价格：360~660 元 / 天
假日价格：396~858 元 / 天
设计师：田飞
摄影：田飞、肖波

1 | 背景

己巳巳的老宅建成于1949年，那时的房主是位列喜洲“八中家”之一的富商杨云昌，置有商号德兴祥。老宅建成后，杨家人将其上交国家，这里曾变成七八户人家合居的大杂院，20 世纪 80 年代，杂居于此的人家相继搬离杨宅，移居别处，留下了一座“四合五天井”，以及大堆旧货遗物。

2 | 印象

比起大理古城和双廊人满为患的情景，喜洲更多地保留了原汁原味的田园风光，俨然一片没被发现的桃花源，只有在此处才会切身感觉到身心是属于自然的。喜洲古镇有着一千多年的历史，己已巳客栈就坐落在喜洲田园的村野中，一座极具人文艺术气息的老院子，一处可享受惬意慢时光的栖息地。

3 | 设计

己已巳始终秉承保护传统民居的理念对老宅进行修缮，小心翼翼地修复整理这座有着近 70 年历史的老宅，那些曾被厚厚石灰覆盖的题额、壁画、楹联、浮雕，被报纸糊住的年历、标语、画像、海报也一一得以呈现，房间内部也保留了原有的木梁结构，并以浪漫温馨的白色作为基调，配上当地淘换来的旧式家具，使得整个空间既古朴，又多了几分文艺的气息。

4 | 体验

远道而来的客人，一进大门，往往就被满目的绿植所吸引，偌大的庭院，古朴的建筑，温馨的客房，格外让人心动。值得一提的是，近千平方米的己已巳客栈只有客房 16 间，更多的还是回廊、庭院、咖啡馆、美术馆等公共空间，即便再多的客人入住，也能找到一片属于自己的静享空间。

5 | 住宿 | 己已巳的16间客房风格多样，既有简约浪漫的闺蜜房，又有古色古香的大床房；有庭院深深的阁楼房，也有稻香四溢的田园房。房间里没有安装电视机，却在每个房间外配有茶桌，或许乡下的月色星空才是客人们入夜后最好的陪伴。己已巳虽深处民舍之间，但出村上行至喜洲古镇，下行至灰湖湿地、海舌半岛，都是步行可去的距离。

6 | 特色

己已巳客栈就和它的名字一样，很难用一两句话说清楚。它没有那种改装民宿的惊艳，也没有精品酒店的高冷，而是具有一种回味，一种沉淀。无论是在客房、咖啡馆，还是陈列馆，都有许多20 世纪留存下来的旧物件和手札，触手可及，每一件物品的背后都隐藏着一段鲜为人知的故事。若是有意，它自会娓娓道来。

导航搜索"己已巳古迹花园客栈"即可到达。

大理火车站下车后，可从火车站出口处乘坐 8 路公交车到客运北站，再乘坐中巴车至喜洲古镇（约 40 分钟的车程）；或者直接从火车站打车至"己已巳古迹花园客栈"。

到达大理机场后，打车至"己已巳古迹花园客栈"。

◎**周边景点：**

喜洲古镇、严家大院、海舌半岛、龙湖国家湿地公园、蝴蝶泉、周城扎染村等。

浥尘客舍

渭城朝雨浥轻尘，客舍青青柳色新

民宿地址：云南省大理市大理镇绿玉路山水间一期
房间数目：8 间客房
平日价格：980~2080 元 / 天
假日价格：1280~2580 元 / 天

1 | 背景　这里是设计师李益中的第二居所，靠近古城和苍山，远眺洱海，步行到古城南门仅需 20 分钟。在全国各地都难免遭受雾霾困扰的时候，大理依然蓝天白云、山清水秀，用“浥尘”作为客舍的名字有特别的意义，希望旅人来这里能拂去身上的灰尘，在客舍享一段岁月静好的时光。

2 | 设计

房子打动人心的地方有两点：一是被公共绿地环绕，掩映在一片竹林背后；二是屋内的小庭院。设计一开始就是围绕这个中间的小庭院展开的。设计师把这个内庭用玻璃钢结构封闭成室内空间，成为一个充满阳光的中庭，以此为核心，整理其他室内空间。

空间的设置除了考虑使用、景观，更加入了光的考量，昼夜晨昏，阴晴雨雪，每一刻都有不同的光的变化。前院设置了一个水庭，并在旁边加建了一个亭子，成为一个观赏池鱼和休憩的空间。地下室的空间得到拓展，设计出一个下沉庭院。所有这些改造工作都以不破坏原建筑风貌为原则，通过对建筑形态及内部空间的梳理，打通了建筑从室外环境到室内空间的“任督二脉”，浑然一体了。

3 | 体验

从空间到设备，再到陈设，完全按设计师的标准来营造和设置。在后期的陈设布置及日用器皿的选择上，女主人花了大量的时间和精力，亲力亲为，创造“家”的温馨磁场。家具的质地、色彩等都经过严格的筛选和考量，以期达到整体风格的协调统一。

4 | 住宿

每一间客房的空间形态都不一样，朝向也不一样，在客房的设计中，根据布局、光线等要素来选择形式、色彩和质地，在保证相对统一的前提下，让每一间客房都各有特色。住得舒服是好酒店的硬指标，所以设备要好。在浥尘客舍，马桶是智能马桶，恒温的马桶圈盖不会让客人在冬天如厕时踌躇不定；床垫是五星酒店的标准配置，够厚、够舒适；床品是女主人精心挑选的法国进口棉麻面料，质地柔软体贴。

5 入住指南

1. 本客栈没有电梯，带老人、儿童者请选择低楼层。
2. 请勿携带宠物入店。
3. 入住房间包含双人早餐及下午茶。

导航搜索“大理浥尘客舍”即可到达。

距离大理火车站 14.9 千米(大约 40 分钟车程)，打车至“大理浥尘客舍”。

距离丽江三义国际机场大约 2 小时车程。

◎周边景点:

大理古城、苍山、洱海、崇圣寺三塔、天龙八部影视城等。

花序植物主题旅馆

花径时时缘客扫，蓬门日日为君开

民宿地址：云南省大理市大理古镇下鸡邑村口（环海西路）
房间数目：4 间客房
平日价格：338~428 元 / 天
假日价格：370~560 元 / 天
设计师：李博群
摄影师：松鼠

1 | 背景　喜欢植物的缘何姑娘，就像一朵蒲公英。这些年，她到过很多地方，却都敌不过大理那一周的时间。七月雨后的玉带云，古城郊外的田野，都让她念念不忘。于是，她飘了过来，在这块“风花雪月”的土地上扎根，不华丽、不张扬，谦卑地贴着泥土。

2 | 印象

洱海边的田野很开阔，这栋充满自然元素的房子像是从泥土里长出来的。三楼的阳光大露台是观苍山的绝佳地点，马路对面的小花园里种着稀有的花材和香草。猫在晒太阳，狗在看风景，花在风中摇……住在这里，随时都能与自然和生命亲密地对话。

3 | 设计

在丰富充盈的自然环境里，设计师做了减法。实木与水泥墙面的结合简洁现代，落地窗通透明亮，浅色系软装清新自然，无论是公共区域还是客房，整个空间都没有冗余的装饰，连家具的造型都尽量简单，只以大量鲜花绿植和高品质的织物营造家的温馨，把更多注意力留给窗外的风景。无须刻意营造什么美好的画面，因为窗外随时都有美不胜收的天然画卷。

4 | 体验　客栈靠近环海西路，距洱海 1 千米，交通便利，停车方便，视野开阔。适合散步或环海骑行、自驾，客栈内提供花艺课和茶艺体验，阳光露台是看云、观星、晒太阳的好地方，门外的小花园可体验园艺生活，缘何欢迎爱花之人与她一起浇水、修枝、采花，聊聊植物对美好生活的意味。

5 | 住宿　“花序”集合了花房、餐厅、茶室和客房等空间，马路对面还有一方小花园。共有 4 间舒适客房，每个房间均带有观景阳台或阳光大露台，床上用品均按五星级酒店标准配备，主人缘何还贴心准备了无叶风扇、取暖器、体重计、茶具、书籍等，墙上挂着她自制的苍山植物画框。客栈公共空间充足，可莳花弄草、可戏猫逗狗、可临窗品茗、可凭栏望山。

导航搜索"花吃"即可到达。

大理火车站下车后，可从火车站出口处乘坐8路公交车到"大理古城"再打车至"花序"（约10分钟车程）；或者直接从火车站打车至"花序"。

到达大理机场后，乘坐机场大巴至"大理古城"，再打车至"花序"。

◎周边景点：

洱海、花海、柴米多生活农场、才村码头、龙龛码头、崇圣寺三塔等。

慢屋·揽清

芦苇飞絮，杨柳垂荫，水鸟游弋，天蓝海清

民宿地址：云南省大理市下关镇环海西路葭蓬村
房间数目：13 间客房
平日价格：600~1300 元 / 天
假日价格：800~1800 元 / 天
设计公司：重庆合信建筑设计院有限公司
IDO 元象建筑
摄影师：存在建筑

1 | 背景

慢屋·揽清项目的实践，是一次以建筑师为主导的新的开发模式，其设计团队是元象建筑，为了能盖一栋让自己满意的房子，元象建筑决定“去大理盖一栋小房子，自己做一次甲方”，联合了重庆合信建筑设计院的建筑师以及鼓浪屿慢屋的橙子，成立了重庆慢屋酒店管理有限公司，经过两年多的艰苦努力，终于建成了慢屋·揽清。

2 | 印象

环海西路葭蓬村是洱海周围最小的自然村，整个村庄宁静秀美，村庄周围环绕着独有的自然景观——海西湿地。慢屋·揽清拥有充满阳光的接待厅、体验感独特的下沉书屋、百年茶树下的木平台、新旧建筑之间的灰空间休息区以及具有本地特色的室内火塘。这些空间实际上是一个连续的不同标高公共空间的串联体系，为客人提供了一条“步移景异”的路径，建立了人与洱海之间多维度的关系。

3 | 设计

采用真实、质朴、自然的材料，比如石头、木头、砖、瓦，以创造与都市生活感受的差异性，不仅营造了质朴、自然的空间氛围，而且让客人通过触碰，感知到了材料的质地、温度和湿度，获得了天然质朴的触觉体验。室内设计中，采用大量的老旧木料。很多现场设计、制作的家具、陈设使用了当地拆除的老木房梁改造，这种本土状态流露着时间的痕迹，希望慢屋·揽清成为有“温度”的建筑。

4 | 特色

院中心有几棵百年的古茶树，摘下来茶叶就可以在火塘上烤制。院子里的石榴树、梅子树、李子树的果实都能酿制成酒，是住客到达时的欢迎饮料。后院有一块菜地，摘下来菜叶就可以端上早餐餐桌。慢屋·揽清意图向使用者传递简单、质朴的生活理念，也是建筑有“温度”的体现。

5 | 住宿

慢屋·揽清一共有 13 间客房，每间客房均有自己的特色，比如一楼的园景房，拥有独立的小庭院，二、三楼的客房多数拥有近 30 平方米的大露台，客人能充分地在此享受洱海的美丽景色。客栈还配置了餐厅、书屋、火塘、观景平台等多样化的公共空间。

导航搜索“大理慢屋·揽清海景客栈”即可到达。

在大理火车站下车后，打车前往“大理慢屋·揽清海景客栈”（大约半小时车程）。

到达大理机场后，打车前往“大理慢屋·揽清海景客栈”（大约1小时车程）。

◎周边景点：

洱海、花海、柴米多生活农场、才村码头、龙龛码头、崇圣寺三塔等。

猪栏酒吧乡村客栈

浸染旧物温情，回味乡村气息

民宿地址：安徽省黄山市黟县碧山村油厂
房间数目：19 间客房
房间价格：980~2800 元 / 天
设计师：寒玉

1 | 背景　这个废弃多年的古代油坊，做过民居、榨油坊和竹针厂。猪栏酒吧乡村客栈尽最大可能保留了建筑外貌和各个时期的历史印迹。

2 | 印象　从远处眺望，改造后的建筑群体高低错落，自然散布于田间，丝毫没有“惊扰”到周围的环境和视野。一个从田野里土生土长的乡村客栈，谦逊而质朴，利用了大量的旧木料、旧砖、旧瓦，家具陈设也利用一些不起眼的旧物来改造。黄泥外墙和内墙，没有被油漆漆过的门窗，旧家具，每一个卧室都有和户外相连的露台或小院，与自然一起呼吸、互相融合。

3 | 设计

“误用”“混搭”“将错就错”，保留历史和地域的符号是设计的灵感来源，化腐朽为神奇，让没有生命、濒临倒塌的历史建筑焕发新的生命。藤椅、老手工织布、20 世纪 50 年代茶叶店的大锡壶、老电影院的木头椅、一片石磨、一个老皮箱、一架缝纫机、一把麦秸编制的座椅……无不书写着磨损和失去的岁月。简单、质朴、自由、安逸，有地域性和历史性的记忆，有故事的陈述，这也是猪栏酒吧乡村客栈的设计理念。

4 | 体验

隐藏于大树下的榨油坊，角落里布满了老物件，收音机、钢琴、老的标语、土布外套的沙发，处处带给你独特的感觉。村子里有先锋书店——碧山书局分店，也有由老的供销社改造的商店——碧山供销社，还有精酿啤酒的乡村酒吧——狗窝酒吧。猪栏酒吧乡村客栈无声而有力地传达着一种固执的情感，远离浮躁，让心灵获得最真实的安宁。

5 入住指南

1. 整个民宿均为老木结构，注意防火，房间内请不要吸烟。
2. 请勿携带宠物。
3. 在村子里、水边不要乱扔垃圾，美丽的地方需要我们共同守护。
4. 免费提供自行车供大家骑行，整个碧山村都适合骑行或漫步，田野里会时不时出现小动物。

6 | 特色 猪栏的所有服务员都是来自于本村的妈妈、阿姨、下岗女工和外地归来的妹子。这里可以让人们放下一切浮躁，升华美好，追求单纯。这里破破烂烂的老东西，可能没那么耀眼，没那么繁华，可正是这些被保留的细节，能让人们找到记忆里越来越淡的过去，它承载着一代人或几代人的情感。

导航搜索“黄山猪栏酒吧乡村客栈老油厂店”即可到达。

黄山北站下车后，打车至“猪栏”；也可以乘坐高铁大巴至黟县县城，再打车至“猪栏”。

到达黄山屯溪国际机场后，打车至“猪栏”；也可以乘坐机场大巴到屯溪汽车站，然后在车站坐大巴到黟县县城，再打车至“猪栏”。

◎周边景点：

西递村、宏村、南屏村、塔川村、木坑竹海等。

古早叙

千年徽商尘归土，百年老屋寄渊源

民宿地址：安徽省黄山市屯溪区黎阳 in 巷 A06 号
房间数目：7 间客房
平日价格：388~880 元 / 天
假日价格：580~1280 元 / 天

1 | 背景 古早叙是北京古早旅居旗下的首家文化民宿，坐落于黄山市屯溪区黎阳老街，悠悠新安江畔。古早叙徽派老宅文化民宿所处建筑曾是黎阳老街最大的徽商家院——“汪宅”府邸，属于典型的徽派建筑，迄今为止已有一百多年的历史。数代汪家人在这里读书成长，成人后又远赴征途，或从政或经商，奋发向上，自强不息，并将优秀的他乡文化引入徽州。

2 | 设计 古早叙的设计者们以虔诚的态度，学习传统古建筑所表现出来的人文关怀，尽可能不去破坏老宅的基本格局，修旧如旧。同时结合现代人的生活方式和审美特征，在环境营造和室内陈设上，采取传统与现代混搭的配置，让客人既能体验传统建筑“天人合一”的人文精神，又能够与现实生活相融相契。

3 | 特色

整间民宿最有特色的地方当属天井，在徽州建筑中，天井起到采光、通风、排水的重要作用，虽然随着经济的发展以及人们对生活质量追求的提高，很多人选择把天井封住，使用空调来取暖制冷。古早叙充分保留了徽派建筑中的天井，将建筑最原始的样貌呈现出来，遵循古人所说的“天人合一”的原则、人与自然和谐相处之道，使阳光充足、空气流通，将清风朗月并收眼帘。在深宅大院中依然可以亲近自然。

4 | 住宿

古早叙建筑面积约 350 平方米，集住宿、咖啡、茶道、阅读、展览、审美等多个功能空间于一体。民宿拥有 7 间客房，5 种房型，分别为细品双人间、花园别院房、精品套房、天井大床房、榻榻米小间。房间拥有独立的卫生间，24 小时热水，且干湿分区，客房用品精挑细选。清晨，阳光伴着鸟鸣从木格花窗投入房间，徽州古色古香的人文气息缓缓而来，平和而文雅，友善而安宁。

5 | 入住指南

1. 整栋出租，周末和法定节假日 3800 元 / 晚，平日 3300 元 / 晚，以上价格包括早餐及欢迎茶点。
2. 入住花园房可携带宠物。

到达黄山北站后，打车至“古早叙”（车程为 40 分钟左右）。

到达黄山屯溪国际机场后，打车至“古早叙”（车程为 15 分钟左右）。

◎周边景点：

《徽韵》演出、花山谜窟、呈坎村、唐模村等。

月栖溪

听雨声滴答，看雪花飘零

民宿地址：安徽省黄山市屯溪区湖边古村落 9 号楼
房间数目：16 间客房
平日价格：400~800 元 / 天
假日价格：600~1000 元 / 天

1 | 背景　官宦府邸、家族祠堂、商人住宅、乡民故居，一栋栋、一群群的古建筑散布在徽州大地。2009 年，黄山市推出“百村千幢”古民居保护利用工程，将散落于偏僻村落、具有历史文化价值又缺乏有效保护的古民居异地重建于新安江边。于是新安江边，便有了一家叫月栖溪的民宿。

2 | 印象　徽州多雨，春雨缠绵、梅雨断续、秋雨微寒、冬雨清冷，徽州配微雨，不温不火、不争不抢，静静地等人来赏。在月栖溪小住几日，定能遇上徽州的雨，你可立于檐下，可倚坐在窗前，又或是站在江边，任细雨慢慢润湿衣襟，细细感受着烟雨中的徽州。

3 | 设计　粉墙黛瓦的徽州民宿，拥有其独特的建筑美感，而月栖溪所在的湖边古村 9 号楼，是一座明清时期的传统徽州古宅。民宿在筹备之时，本着保留原始建筑外观的初衷，对内部空间进行改造，使其更适合现代人的生活方式，在采光、通风、除湿、隔声等方面重新设计，让每一位住客在感受徽派建筑韵味的同时，能够拥有一个更加舒适的居住环境。

4 | 体验

天井是徽派建筑的一大特色，月栖溪并没有像大多数徽州民宿一样在天井装上玻璃，而是完完全全地保留下来，在天井中种些花草，养几池鱼，将其装扮成一个小花园。特别是下雨下雪的时候，坐在廊下，坐井观天更是一种乐趣。

5 | 住宿

无论是民宿客栈还是酒店宾馆，对于每位住客来说，最重要的便是一张床和一份早餐。为了达到最舒适的睡眠体验，月栖溪主人从日本“取经”，只为做一张满意的床垫，枕、被均采用全套高支长绒棉配白鹅绒内芯，亲肤、柔软、细糯。一夜安眠，早晨再用上一份暖暖的徽式早餐，活力满满，有助于寻找你在徽州的“诗与远方”。

6 | 特色

月栖溪作为民宿，并不关心故事与情怀，而是“宿”的价值。床品、浴品、服务、餐饮……关于食宿的一切，都希望做到最好，为每一位来黄山、来徽州旅行的人，提供一个短暂而温暖的栖息之所。

7 | 入住指南

1. 提供免费接站服务（屯溪机场、黄山北高铁站、黄山客运中心、黄山火车站）；
2. 提供免费下午茶（冷热饮、徽式茶点、水果）；
3. 住客专享醉温泉、新安江游船等景点优惠门票；
4. 所有房型均含早餐；
5. 午、晚餐可在店内点餐，人均100元/餐。

导航搜索“月栖溪”即可到达。

先乘坐高铁至黄山北站，打车至“月栖溪”。

到达黄山屯溪国际机场后，打车前往“月栖溪”，或联系管家，等待接站。

◎周边景点：

黄山风景区、宏村、西递村、徽州古城、屯溪老街等。

不舍美宿

一生痴绝处，无梦到徽州

民宿地址：安徽省黄山市屯溪区黎阳 in 巷 7 号，临近黎阳 in 巷牌坊
房间数目：10 间客房
平日价格：428~1280 元 / 天
假日价格：628~1880 元 / 天（法定假日）
设计师：朱寿耀
摄影师：段晨光、熊伟

1 | 背景 | 正如它的名字一样，不舍美宿具有“不偏执己见，舍方能得到，美融合感同，宿心之归宿”的意蕴。作为民宿，这里充满着浓郁的徽式气息。

2 | 印象

在沿街边的房间里，客人站在房间的阳台或者窗前，就可以看到黎阳古镇的老街及小桥、流水、粉墙、黛瓦和令人醉美的夜景。不舍美宿最具代表性的房间——“不舍”，其空间结构为跃层式，地面和墙面全部运用了最原始的老木头，顶棚运用了天然竹子，玻璃和墙面体现了古朴、简约、素雅的生活空间理念。

3 | 设计

在装饰设计上，没有直接采用徽派建筑的传统元素，而是运用现代、简约、时尚的手法对传统元素进行提炼和重组，整体色彩借鉴徽派建筑的黑、白、灰三种主色调，并大量采用当地老宅子拆卸下来的老木件，将它们作为原材料进行加工制作，不仅简洁舒适，而且古朴自然，韵味深长。餐厅外种满了花草的露天花园及四面通透的黑瓦小书屋，传达出女主人对文艺、花草的热爱，对诗意生活的追求，客人们可以在这里自由地喝茶、看书，还可以在这里开设各种小派对和艺术活动，兼具审美与实用功能。

4 | 体验

房间名称围绕着“不舍”的主题展开，初心、无梦、惜缘、流连……这些诗意雅致的名字，仿佛蕴含着淡淡的徽州烟雨之气，演绎着主人与民宿之间说不完的故事。客房拥有良好的采光，线条简单，色彩素雅，运用一些古朴自然的用料，如老木头、竹子、黑铁等特殊材质，处处尽显匠心独运。通往房间的走道上方，利用轻纱布幔结合柔和的灯光，给人以女性的柔和之美，呈现出空间的唯美浪漫。

5 | 住宿

部分房间采用日式榻榻米的结构，为的是即使在较小空间里，也能让人获得舒适和温馨感。大厅中用一块区域较大的茶空间取代传统的前台，同时，在背景上大量留白并加上简洁有力的投影“不舍”两字，打造出宁静致远的禅意意境餐厅。餐厅是利用四面落地玻璃窗搭建的，阳光透过玻璃可以展现出光影层次和韵律感。

导航搜索“不舍美宿”即可到达。

在黄山北站下车后，打车前往“不舍美宿”（约 30 分钟车程）。

到达黄山屯溪国际机场后，打车前往“不舍美宿”（约 20 分钟车程）。

◎周边景点：

屯溪老街、宏村、西递村、呈坎村、黄山风景区等。

匠庐·阅山

青山绿水难自弃，四渡高桥入云端

民宿地址：贵州省安顺市黄果树风景名胜区坝陵河大桥观景台旁

房间数目：12 间客房

平日价格：880~1280 元 / 天

假日价格：1080~1580 元 / 天

设计师：柯有锐

1 | 背景　匠庐·阅山坐落于黄果树风景名胜区，它位于山腰上的一个布依族村里，可以饱览贵州典型的大山、峡谷、瀑布等地域特征，同时兼具了江南水乡黛瓦白墙的清雅和当地山区竹木砖石的建筑风格，在匠庐·阅山的楼顶，无边水池畔和房间里均能看到秀美的喀斯特山景和壮观的大桥景观。

2 | 印象

在这里，可以体味别样情怀，享受尘世间的烟火温暖，欣赏墙壁上挂着的布依族染织精品，伸出手去感受壁炉中温暖的火焰，看茶烟袅袅，与窗外的云雾融合到一起；也可以游荡到楼顶的无边水池处，坐在悬空的秋千椅上，晃着脚丫，等风来；倘若你有雅兴，还能静坐在冥想室，半眯着眼，打着瞌睡，直到和大山“融为一体”。

3 | 体验

诗意栖居在瀑乡，看云从门前飘过。忘记都市中的一切烦恼，只在这里，感受山风，洗涤心灵，看一轮明月，在薄纱般的云雾和巍巍青山后露出皎洁面庞。倘若不愿意在民宿中度过一整天，这附近还有无数的人文美景，单从坝陵河大桥出发，向东就是黄果树瀑布群，向西则是三国索马古道，若往南走就可以看到神秘的红岩天书，若是朝北呢，还有瑰丽秀美的滴水滩瀑布……

4 | 住宿

匠庐·阅山由主楼和附楼两部分组成，共四层半，整体外观大面积留白，融入村庄的自然环境，飘窗的设计让建筑外观和室内变得生动有趣，群山倒影在楼顶的无边水池里，与冥想室相得益彰，每间房都有一扇很大的落地窗，将窗外的山水桥景观吸引入室，房间设计简洁干净，所用家具均是榆木榫卯结构，精密床品搭配扎染布艺的抱枕与装裱成画的蜡染布艺，让空间更具舒适感和人文性。

5 入住指南

1. 民宿提供中式简餐和法式铁板烧，法式铁板烧需要提前两天预约。
2. 提供免费停车场，Wi-Fi 全覆盖。
3. 室内禁止吸烟。
4. 禁止携带宠物。

导航搜索“匠庐·阅山精品民宿”即可到达。

在沪昆高铁关岭站下车，然后打车至“匠庐阅山”（半小时左右车程）。

到达安顺黄果树机场后，打车至“匠庐阅山”（1 小时左右车程）。

◎**周边景点：**

黄果树瀑布群、龙宫、天星桥、滴水滩河谷、云峰屯古村等。

◎**配套设施：**

中西餐厅、茶室书吧、酒吧、冥想室、烧烤架等。

陶然有山

烹茶淡泊融无雪，撷茶陶然抱有山

民宿地址：福建省武夷山市武夷街道下梅村渡街头
房间数目：31 间客房
平日价格：600~2600 元 / 天
假日价格：700~3000 元 / 天

1 | 背景

陶然有山改自一个废旧的茶厂，由于原本的建筑无法改动，最后将原本用作停车场的内院改为一片水景，茶厂建筑与员工宿舍楼围合成 L 形，夹角正对山坡。陶然有山占地 20000 平方米（30 亩），这个隐于山内的民宿，低调地坐落于晋商万里茶路起点的下梅古村，这个承载着源远流长武夷茶文化的源头。陶然有山将悠然自得与简约轻奢相融合，形成有山、有水、有茶、有人的独有之景。

2 | 印象

陶然有山背靠茶园、前临梅溪、坐拥山水。主人在山水间传递着自然的生活理念，追求“久在樊笼里，复得返自然”的情怀。陶然有山不仅有观山见水的茶空间，还将传统的手工制茶体验带进民宿中，让房客们可以亲自参与到手工制茶的过程中，了解武夷茶文化的精髓。

3 | 设计

从大堂到客房的空间通透而明亮，采用了原始的水泥墙面，剥落的土墙体赋予了空间最自然的气息。为了体现当地特色，在室内、室外运用了大量的竹元素。软装方面尽量采用简约舒适的布置，陶瓷的茶几、金属的落地灯、颇具设计感的音响都给房间平添了些许时尚元素。室内的茶具来自于景德镇，竹子生长于安吉，甚至还有从加拿大漂洋过海而来的原木。

4 | 住宿

陶然有山的 31 间客房各具特色，房名以“有”字开头，如有山有水、有情有义等。有山景大床、山景双床、全景大床、全景双床、复式套房、环景套房 6 种房型。每个房间都配有 Appelles 全套洗漱用品、科勒卫浴、定制的护理包等，陶然有山正餐主要提供武夷山当地的精致农家菜，也供应咖啡甜品的下午茶。

5 | 特色　陶然有山的用水全部取自当地的山泉水。民宿专注于挖掘武夷山的本地文化，将茶、竹和武夷山的山水禅意带入进来，为客人提供各种各样的本地体验和众多活动内容。陶然有山有农场、禅修室、泡池、私人竹筏，可供住客体验，并定期举行手工皂、瑜伽、制茶、茶会、篝火晚宴、山野餐会等活动。

导航搜索“陶然有山”即可到达。

在武夷山东站或武夷山北站下车后，可打车前往“陶然有山”。

◎**周边景点：**

下梅古民居、武夷山国家 5A 级旅游景区、白云禅寺、桐木关、五夫古镇等。

◎**配套设施：**

停车场、室外监控、中央空调设备、中西餐厅、咖啡厅、会议室、篝火晚宴、烧烤、投影仪、蓝牙音箱、瑜伽禅修室、温泉泡池、健身室、茶室、茶山、生态农场、私人竹筏以及儿童专用区域等。

蝶梦山丘飞行民宿

庄梦蝴蝶迷君心，今朝蝶舞入梦来

民宿地址：江苏省南京市浦口区
水墨大埝景区入口处
房间数目：6 间客房
房间价格：680~1280 元 / 天
设计公司：上海墨廷文化传播有限公司

1 | 背景 | 蝶梦山丘有着一座以“爱与生命”为主题的蝴蝶博物馆，是一座把自然装进房子里的民宿，以及一座有爱的儿童自然教育学堂。将蝴蝶博物馆、民宿和自然学堂结合，打造成集休闲度假、亲子游、儿童自然教育于一体的旅行目的地，提供给客人不一样的自然、人文、艺术的生活体验。

2 | 设计 | 蝶梦山丘飞行民宿的设计理念为“将自然装进房子”，所以，室内避免使用一些工业化批量生产的材料，主要采用一些木头、宣纸、稻草漆和麻布，这些材质能够带给人们柔和、亲近自然的感觉。

3 | 体验 | 这是一处隐于山间的房子，利用老房子改造而成，保留了山间建筑的原汁原味，原木、清白、质朴、静谧，大树自在地向上生长，浓密的树荫下，沏一杯浓茶或调一杯芳香的咖啡，任由午后的阳光洒落一身，蝶梦山丘的美，美于无声处，美在每一寸你能看到的微小细节。

4 | 住宿

蝶梦山丘的所有客房都拥有较大的落地窗，并准备了一些书籍；房间全覆盖地暖、中央空调和超快的 Wi-Fi；有餐厅、咖啡厅、甜点台，可以点餐或者享受下午茶；还有小朋友的绘本馆，在这里坐上一天也不会感到烦闷；在蝶梦山丘可以看到很多蝴蝶，也可以和工作人员一起手工制作蝴蝶标本。

5 | 特色 中华虎凤蝶自然博物馆陈列了 5 种虎凤蝶及来自世界各地的近 400 种蝴蝶标本，这里是中华虎凤蝶的栖息地，春天可以在这里近距离观赏中华虎凤蝶。博物馆的蝴蝶主题（爱与生命）、人文体验、生态自然给民宿增加了独特的蝴蝶文化体验，服务从最简单的住宿和餐饮，到独具一格的蝴蝶博物馆导览、蝴蝶主题亲子手工体验（蝴蝶标本贴画，蝴蝶饼干烘焙，蝴蝶面具绘画等）以及极具人性化的儿童自然教育课程，都十分亲切、自然。

导航搜索“南京蝶梦山丘飞行民宿”即可到达。

到达南京火车站下车后，打车前往“水墨大埝景区”。

到达南京禄口国际机场后，打车前往“水墨大埝景区”。

◎**周边景点：**

四方当代美术馆、佛手湖、不老村、七佛寺等。

云栖陌舍

抬头梦中星河，低头人间烟火

民宿地址：江苏省苏州市姑苏区平江路 284 号
房间数目：9 间客房
平日价格：500~1000 元 / 天
假日价格：550~1200 元 / 天

1 | 背景 | 云栖陌舍地处苏州繁华的古城区中，位于历史文化街平江路上。平江路是来苏州旅游时，除了拙政园、观前街、寒山寺、山塘街、藕园等之外的必逛景点之一，周围特色小吃、创意店铺密集如云。

2 | 印象

在苏州古城内，云栖陌舍是首家拥有极简风格的民宿，大面积的留白和老物件的运用又不失苏州历史的韵味，它位于苏州历史老街平江路上，地理位置很好，离苏州博物馆和苏州园林只有 5 分钟的步行路程。

3 | 体验

一进云栖陌舍的正门就会被一条近 10 米长的过道所吸引，过道被两个圆形拱门分成了三段，形成步移景异的景象。整栋房屋一共三层，二层有一个阳光房和露台，冬日阳光房内不开空调也一样是暖洋洋的，泡一壶茶、看一本书就可以慵懒地度过一下午。客房中备有茶叶和茶具，方便客人在房间里自酌或与朋友煮茶论道，随处可见的细节也体现出云栖陌舍服务的精心，比如可触控的窗帘和灯光。

4 | 设计 云栖陌舍在设计风格上，结合苏州博物馆的极简形式，将青砖黑瓦融入现代的简约风格，同时在软装搭配上，大部分使用老物件，让云栖陌舍本身不失历史的韵味，同时又富有现代化气息。

导航搜索“苏州云栖陌舍”即可到达。

乘坐高铁至苏州北站后，再坐公交车 811 路到苏州博物馆站下车，步行 5 分钟左右即可到达；或者乘坐高铁至苏州站后，在南广场公交站乘坐 40 路公交车到北园路下车，再步行 500 米左右即可到达。

◎周边景点：

七里山塘街、拙政园、苏州博物馆、狮子林、平江路等。

◎配套设施：

云栖陌舍的所有房间均配置智能客控系统，只需关注云栖陌舍的公众号即可在手机上控制房间里的灯光、电视、空调等设备。为了提供较好的舒适度，云栖陌舍的床品为独家订制，全部采用 100 支双层面料四件套、鹅绒被以及进口乳胶独立弹簧床垫，卫浴、洁具均采用 TOTO 品牌，为房客们营造舒适的空间。

小筑沐野

三月花海，七月桃香

民宿地址：江苏省无锡市惠山区阳山镇白凤路 88 号
房间数目：16 间客房
平日价格：888~1688 元 / 天
假日价格：1088~1888 元 / 天（周末）；
1588~2588 元 / 天（法定假日）

1 | 背景

“中国水蜜桃之乡”阳山镇地处江南水乡无锡，“小筑沐野”位于阳山镇长腰山山腰处。由于大阳山（阳山 4 座山丘之一）是亿万年前形成的古火山，火山口至今仍保持原貌，独特的地质条件，使阳山镇蕴藏了丰富的温泉资源。温泉一号井水温度超过 45 度，温泉二号井也已出水，日出水量高达 1800 吨，这也是小筑沐野“沐”字的由来。2017 年，小筑沐野荣获“无锡最美民宿”的称号。

2 | 印象

整个阳山林茂花繁，自然风光秀丽，绿地率超过 90%，可谓天然氧吧。阳春三月，春风一吹，阳山 333 公顷（5000 多亩）桃林便像变戏法似的，开满了桃花，漫山遍野，各色各样，好像共赴春天的约会。春花、夏绿、秋桃、冬浴，小筑沐野是一个“一年四季皆风景，山环水绕桃花源”的特色生态、休闲旅游的野奢民宿。

3 | 设计

这里的前身是一个近 2 公顷（30 亩地）的果园，园内有十几种果树。小筑设计利用借景的设计手法以“一房一庭院，一院一汤池”格局为主。远处暮色中，白鹭在树冠上起起落落；庭院星光下，温泉在池中水汽氤氲。客房拥有 3 种风格，分别为日式温泉房、后现代独立温泉房和北欧独立温泉房。

4 | 住宿

看似无华的水泥地面却内藏地暖，房门口每天更换的小野花，处处可见小筑沐野的精心服务。独立温泉让你在享受的同时又保证了私密性，院子里还种有多样的植物，环境优美。蔬菜都是小筑沐野菜园种的，有机无农药。小筑沐野还跟阳山马会跑马场合作，住在小筑的客人可以到跑马场去骑马休闲一下，跑马场会为客人提供一对一教练服务。

5 入住指南

1. 不设电视、扑克及麻将，但设有 Wi-Fi，可携带宠物入店。

2. 由小筑沐野提供当季特色农家菜，收取人均 100~150 元 / 顿的餐费。

导航搜索“小筑沐野”即可到达。

乘坐高铁至无锡站、无锡东站、惠山站均可，然后打车至“小筑沐野”。

◎**周边景点：**

灵山大佛、拈花湾、太湖风景区、阳山桃花岛景观公园等。

◎**服务设施：**

免费停车场、中央空调暖气设备、24 小时热水、地暖、私汤温泉、中西餐及烘焙厨具、烧烤设备、自行车、投影仪、蓝牙音箱以及儿童专用物品等。

欢喜无厌·龙舍

倦了栖身庭院，听花落至晨晓

民宿地址：湖南省张家界市武陵源区索溪峪镇黄龙洞景区内
房间数目：7 间客房
房间价格：880~1880 元 / 天

1 | 背景　出于对山水生活的向往，民宿主从文人隐士笔下对田居生活的描绘出发，寻找内心深处最原始的渴望，在湘西打造了一座真正意义上的“国民桃源”。欢喜无厌 · 龙舍是“欢喜无厌”系列精品民宿与湖南日报报业集团携手打造的湘西第一座真正意义上的精品度假民宿。

2 | 印象　黄砖、赭木、白墙、青瓦鳞次呈现，雕花、飞檐毗邻错落，白日是绮丽，夜晚多空寂，如一幅令人沉醉的湘西民俗风情画。栖居于此，可开卷放歌、琴声相悦、茶墨俱香、自得其乐。

3 | 设计

院落整体以土家风格的二层雕花木楼为主，中式古典主题院落，让室内、室外空间相互呼应，在细节设计上，别具匠心地衬托出老物件的年代感。穿梭于院堂时，望一望蓝天白云，微风轻拂，鸟语不断，是极美好的享受。而湘西风格的庭院、园景巧妙地将自然的野趣从窗口引入每一间客房，让所有入住的客人躺在房间也能远观青山，近赏流水。

4 | 住宿

所有客房均以“云”为主题进行命名，“云端”“云野”“云霄”……每一朵云中都有自在随性的隐喻。目前仅有 7 间客房可供预定，不同于人满为患的景区，住在这精致而私密的客房，“度假”也好，“隐居”也罢，都可以在这里与自然融合，在庭院里静听生灵万物的美好。

5 | 特色 对于第一次来张家界游玩的您，欢喜无厌 · 龙舍可为您定制张家界绝佳的景点游玩行程及线路，不花费任何多余的时间在辗转旅途上。夜幕降临，更有专为房客安排的“烟雨张家界”歌舞表演助兴，一扫旅途的疲惫，深度体验湘西的精绝神韵，度假与隐居在钟灵毓秀的山水重叠之间。

导航搜索“欢喜无厌·龙舍”即可到达。

到达张家界荷花国际机场后，打车前往“欢喜无厌·龙舍”。

◎**周边景点：**

黄龙洞、张家界国家森林公园、天门山景区等。

欢喜无厌·拈花溪

结庐庭院，拈花烹茶

民宿地址：四川省峨眉山市名山路南段466号（天下名山牌坊旁）
房间数目：48间客房
房间价格：580~2880元/天

1 | 背景 欢喜无厌结缘于中国四大佛教名山之一的仙山胜境——峨眉山。在中国文人的内心深处，总有一方幽幽庭院，是其骨子里的一种风雅栖心，是中国文人内心观照天地的缩影，是对清雅的追寻求索，更是历经世事后安顿生息的归宿。

2 | 设计 主体建筑基于一排木结构的老宅和两栋被改造后的老楼房。老宅旁是一个院子，两栋楼间则是一片狭长的枯山水，山间小溪从两座老宅旁缓缓流过，“重视自然，微妙不显”，带着谦卑的黯然生涩中藏着精炼、枯寂的含蓄之美。朴素而安静的“侘寂（一种日本美学意识）”之意从院落开始一直蔓延，而回廊状的木制和风民居建筑群、山水画般的写意庭院，将峨眉山下川西百姓的质朴和温和娓娓道来。

3 | 特色 花艺与禅的元素渗透于该民宿的各个角落，不仅有峨眉山寺院师父的禅宗智慧加持，而且花艺部分更特别，民宿特意请到拥有 50 余年插花艺龄的顶级花艺师为民宿全境设计专属花艺。

4 | 体验 除了可以裸泡的私人庭院温泉，还有“一泊二食”以及融入峨眉当地小吃特色的精致融合料理，峨眉山欢喜无厌 · 拈花溪更可定制并提供峨眉山景点游玩行程，不论是隐居深山、修禅修心、举家出游还是择山水而居，在这里都能将度假和修禅完美地合二为一。

5 | 住宿 | 有 7 套溪岸度假别墅，带有独立茶室和溪畔私人温泉泡池，可满足一家人的度假需求；5 种房型带私人庭院，房间与温泉连为一体，开门即享私人温泉泡池；24 间客房均引入峨眉温泉。每间客房都有一个充满灵气的名字，如山林、碧空、琉璃、烟雨……

6 入住指南

1. 高血压、心脏病患者及孕妇不宜泡温泉。
2. 请勿携带宠物入住。
3. 店内公共区域及茶室的书籍和杂志刊物，均可免费借阅。

导航搜索“峨眉山欢喜无厌·拈花溪精品民宿”即可到达。

到达峨眉山站后，可包车或打车前往“欢喜无厌·拈花溪”（大约5分钟车程）。

到达成都双流国际机场后，搭乘城际高铁至峨眉山站，打车前往“欢喜无厌·拈花溪”。

◎周边景点：

报国寺、伏虎寺、雷洞坪、峨眉山金顶、峨眉山市区等。

隐居乡里 · 山楂小院

无世俗打扰，无案牍劳形

民宿地址：北京市延庆区刘斌堡乡下虎叫村
房间数目：6 个院落 14 间客房
房间价格：1980~5180 元 / 天（整院）

1 | 背景　山楂小院，隐于深山小村下虎叫，甚至没有游客，一天只有两趟公交车与外界相联。然而环绕下虎叫村的公路，却是北京最美的两条公路，悠然百余里，风光旖旎，山水展开的画卷俨然是活的，春夏秋冬，四季相宜。

2 | 印象　百里山水画廊就环绕在下虎叫村周边。这条公路上景点众多：燕山天池、三里河湿地公园、硅化木国家地质公园、滴水湖、珍珠泉乡、四海镇四季花海等。四季花海是延庆东部一条开满鲜花的山谷，自西向东囊括了多个乡村，长达 47 千米的沟域内，玫瑰、百合、马蹄莲、薰衣草、万寿菊、茶菊铺展成一片广阔的花田，每年 5 月到 10 月间次第盛开，青翠的山谷间花开成阵，蔚为壮观。

3 | 体验　山楂小院最大的特点是具有北方乡村的原始生态特征，每个院子都是由村民闲置的老宅院改造而成的，外表保留农家样貌，内部以北欧风格装修，既有格调，又能满足现代都市人对居住舒适度的需求，与自然共生的住宿体验更能贴近生活本源。

4 | 特色 冬天，山楂小院的特色火盆锅不可不尝，土豆干、葫芦条等干菜与五花肉做锅底，冻豆腐、炸豆腐、鲜豆腐在锅里“开会”。一家人围炉而坐，享用热气腾腾的火盆锅，是最惬意的了！其他节气，小院的餐食会应季更换，山野菜、手擀面、农家美食，再配上管家自酿的野生山楂汁，别有一番美味！

5 | 住宿

山楂小院每个小院的样貌、设计格局和看到的风景都不一样。室内有地暖，完全不用担心北方的寒冷。1.8 米的大床或榻榻米能给旅人一个安稳的睡眠，全套科勒卫浴和来自意大利的洗发液，让客人有着和家一样的贴心感受。每个小院都有宽敞的客厅、投影仪等，可以开展团建活动或小型会议。

导航搜索“山楂小院”即可到达。

到达北京站或北京南站后，打车前往“下虎叫村”（130 千米车程，约 3 个半小时）。

到达首都机场后，打车前往“下虎叫村”（120 千米车程，约 2 个半小时）。

◎**周边景点：**

百里山水画廊、四季花海、龙庆峡冰灯节、石京龙滑雪场、龙庆峡等。

惠爱乡居·画框里

纸墨笔砚，席地烹茶

民宿地址：北京市延庆区珍珠泉乡水泉子村
房间数目：2 间客房
房间价格：5888 元 / 天（整院）

1 | 背景

画框里是惠爱乡居品牌旗下的民宿项目之一，是惠爱乡居在北京规划地中，以北京百里山水画廊公路沿线为坐标，依托水泉子民俗文化村而建的特色民宿。因地处百里山水画廊，从这里一眼望去，远山近景，蓝天白云，果然像一幅山水长卷，生动、巧妙。把美景放在框里，而我们就像置身于这画中，灵感往往是来源于生活的瞬间，这就是“画框里”的由来。

2 | 印象

画框里坐落于北京百里山水画廊沿线，是独树一帜的生态涵养区。画框里正是秉承着这样的自然优势，并结合了水泉子村独特的民俗文化而建造的特色乡居。民宿附近青山绿水，登山、钓鱼、漫步，无一不可。这个村庄的一大特色就是一年一度的百鸟节，能让人在领略山水美景的同时，感受地方民俗文化。

3 | 设计

整体设计风格是现代简约风，以该村落一年一度的百鸟节为设计触点，尽量不改变房屋的整体架构，以免造型太过突兀而失去本土的气息。细节处理方面，大面积的落地窗与室外形成良好的视觉连接，房顶原木的保存，展现出乡村本来的面貌。石材与钢骨架的组合、二层楼台的改造等，都以简洁的特点让该建筑与周围的环境更加和谐，并凸显出与室外美景的衔接。

4 | 住宿

暖色的主卧温馨而舒适，室内“孔雀”为点睛之笔，栩栩如生，自然和谐。村里人自古就有不打鸟的习俗，孔雀作为鸟中之王，便成了这房间的主题。临窗浴缸搭配个性的落地灯，窗外树影斑驳，惬意十足。夜幕星空，局部的玻璃顶棚将夜色的美景全然收纳，亦动亦静。泡个澡，卧于床，美梦即将开始。

以百鸟之王孔雀的元素为契机进行创新设计。将朴实无华的设计元素融入现代的设计手法，并对地方文化进行重新演绎，都是为了让自然、民俗与设计全方位地相融相通。

导航搜索"北京惠爱乡居民宿"即可到达。

到达北京站后，打车至"惠爱乡居·画框里"。

到达北京首都国际机场后，打车至"惠爱乡居·画框里"。

◎周边景点：

百里山水画廊、四季花海、硅化木国家地质公园、白河堡水库等。

惠爱乡居·自在溪谷二号院

自在溪谷，心似莲花

民宿地址：北京市怀柔区团泉村溪谷风情里 -665
房间数目：3 间客房
房间价格：5888 元 / 天（整院）

1 | 背景　自在溪谷是惠爱乡居品牌旗下的民宿项目之一，是惠爱乡居在北京规划地中，以北京百里山水画廊公路沿线为坐标，以北京文化为背景而打造的城市中心黄金边缘。其名字的由来，是由坐落的位置以及结合都市人群的心理需求而命名，“逃离都市，回归向往自在时光的生活”，故名“自在溪谷”。

2 | 印象　自在溪谷周边有天然的自然风光和旅游资源，可以看到成群结队的鸭子在河里嬉戏，幸运的话还能看到放羊户在草地放羊。周边漫山遍野的核桃树、板栗树、枣树随处可见。站在阁楼看开阔的庭院，院外山峦起伏，从室外延伸至室内，简洁的线条穿梭于空间之中并形成独特的视角。

3 | 设计　莲花是这处院子的主题，“心似莲花，自在溪谷”是我们种下的情愫。民宿选取了具有北京文化符号的代表建筑——“四合院”为基础，却打破传统四合院建筑的设计风格，融入现代文化属性，开阔的庭院、阁楼等空间的合理运用更加符合现代人的居住习惯，在传达四合院的传统精髓的同时，更加体现出现代设计手法下民宿对传统文化的重新解读。此外民宿还运用全手工打造的中式家具，简约、古朴的设计风格，呈现出雅致的东方韵味。

4 | 住宿 卧室以中式古韵的风格加以呈现，共三间卧室，并带有独立卫浴，为提高睡眠质量，自在溪谷对床品的舒适度要求极高。室内的浴缸更增添了生活的浪漫气息，泡个澡舒舒服服地睡一觉，享受一下接下来的幸福时光。

5 | 特色 惠爱乡居民宿的最大特点就是紧密结合地方文化特色及风土人情，打造具有地方文化属性的民宿。自在溪谷坐落于北京，承接了老北京四合院的地方文化特征，传统的建筑与中式设计风格，加上老北京的铜火锅、小食等，可以让房客更加全面地了解北京的特色文化。

导航搜索“自在溪谷”即可到达。

到达北京站，然后打车或包车至“自在溪谷”。

到达北京首都国际机场，然后打车或包车至“自在溪谷”。

◎**周边景点：**

水长城、慕田峪长城、雁栖湖、红螺寺、石门山等。

野海美宿

野海之岸人家，述不尽百年缱绻时光

民宿地址：辽宁省大连市沙河口区黑石礁下屯南街 2 号
房间数目：13 间客房
平日价格：300~1300 元 / 天
假日价格：400~1400 元 / 天
设计师：傅颖
摄影师：傅颖、老 E、二斤、得爱戴

1 | 背景

之所以取名为“野海”，顾名思义就是城市里被遗忘的一片海。偶然的一次机会，主人找到黑石礁的海边，这里曾经是老大连人最喜欢赶海、下海捞海参和鲍鱼的地方。主人就顺着黑石礁的海岸线一直找下去，终于在大连海洋大学附近的海边，找到了海南酒楼的旧址，去过这里的人都知道这里是全大连观海最理想的地方之一。几经周折，这里终于成了现在野海美宿的所在地。

2 | 印象 野海美宿的周围居住着朴实的渔民，还有几间海洋大学的旧实验楼，几条旧渔船散乱地漂泊在起伏的海面上，不远处传来渔民修理木船“叮叮当当”的声响，小狗成群嬉戏，轻盈的海鸥忽远忽近，这片海看上去既美丽又宁静，既质朴又安逸，守着过去，看着现在，等待着未来。

3 | 设计 民宿整体风格以美式复古为主，整合了不同地域、不同时期的老物件和老家具。材料的使用上，主人尽可能地保留了材质本身质朴的质感和色彩。因为整栋建筑距离大海只有 12 米，所以在空间的布局上做了很大的调整。

4 | 住宿

民宿的半地下一层拥有玄关、等待区、接待区、酒吧、公共餐厅、公共厨房、库房、卫生间等空间。在房间的规划上，将二楼的楼板打穿，做出了两个上跃的复式空间，将卧室和卫生间放在二层。在三楼，有黑、白、红三间色彩特殊的房间，另外还有两间特别设计的房间，分别是画室和可爱的家庭海景套房。四楼有两间豪华家庭套房，配备厨房、餐厅、客厅、两个卧室、阳光顶及超大的观海露台，可供两个家庭或小型聚会使用。

导航搜索“大连 Wild Sea Hostel 野海美宿”即可到达。

至大连站后，乘坐 16 路公交车到终点站“黑石礁公园”，下车步行 20 分钟即可到达；在大连北站下车后，乘坐地铁 1 号线，从“黑石礁站 A 口”出，提前电话联系，“野海美宿”可在地铁口提供接站服务。

到达大连周水子机场后，打车至“野海美宿”（25 分钟左右车程）。

◎周边景点：

黑石礁公园、星海公园（圣亚海洋世界）、大连西尖山公园等。

后院旅舍

青山翠竹，绿水环绕

民宿地址：广西壮族自治区桂林市阳朔县高田镇穿岩村 27-1 后院美术馆
房间数目：18 间客房
平日价格：880~2180 元 / 天
假日价格：880~3800 元 / 天
设计师：Sam
摄影师：胡子

1 | 背景 竹林、河景、泳池、烧烤场、田间菜地和或名贵或普通的草木构成的院子，正是主人心中民宿的样子，春来细雨如酥润万物，夏至蛙鸟虫鸣展歌喉，秋来天高气爽金桂飘香，冬有暖阳斜照河边红叶，这方土地，是多少人心中的后院，这也是后院旅舍取名的由来。

2 | 情怀 | 主人 Sam 酷爱艺术，也结识了很多搞绘画创作的朋友，自己也有收藏画的爱好，所以在一楼设计了大面积的独立画廊，二至五楼为客房。阳朔的山水风光适合作画，但在这里没有供画家作画、展出的场馆。旅舍的建成为画家提供了便利，Sam 也经常邀请画家朋友来写生作画、办展览，所以“后院旅舍”也称为“后院美术馆”。

3 | 印象 后院房间均坐北朝南，青山翠竹，绿水环绕，古榕相伴，风景独好。几步台阶入院，斑驳的光影下，三角梅低调绽放在精心设计的石墙之中，形成一扇天然玄关，好生巧妙。竹叶声声、水流潺潺，偶有几片不听话的竹叶似初学芭蕾的舞女随风飘落，调皮却可爱，随后缓缓躺在干净如新的地板上，又极像一群玩累的孩子。

4 | 特色 一楼画廊是聚美之地，不定期举办的特色画展活动，给体验者带来感官上的享受。艺术之美，唯有身临其境，方解其中奥妙。楼梯转角，摆满了店主人的红酒珍藏。观光电梯到达五楼的短短时间里，透明玻璃会呈现每层楼不同的壁画和灯饰。弧形设计的走廊，镶嵌着条形落地玻璃窗。在夕阳洒落的余晖下，筛出一条条光影。

5 | 体验 入住的星河套房采光甚好，现代中式设计风格，装修奢华却不奢靡，冷暖色调搭配得当。晚上躺在露台的浴缸里，张眼就可以看到夜空繁星闪烁，蓝牙音响跳跃的轻音乐，搭配流水竹吟声声，好生惬意！入住期间可以看到很多带着宝宝过来度假的家庭，旅舍提供的彩色蜡笔、宝宝椅、婴儿床、毛绒玩具、驱蚊液等，处处体现出后院旅舍的细心服务。

导航搜索“大榕树景区”即可到达。由于旅舍位于十里画廊景区内，没有通行证的车在7:00至19:00时段无法进入景区，需要把车停在景区停车场（凤鸣停车场、月亮山停车场）后由酒店安排车接。

乘坐高铁至阳朔站、恭城站、桂林北站、桂林站、桂林西站均可（阳朔站和恭城站最近、最便利），再打车前往“后院旅舍”。

到达两江机场后，可打车至“后院旅舍”。

◎周边景点：

银子岩景区、遇龙河竹筏漂流、直升机空中游、攀岩、蝴蝶泉等。

图书在版编目（CIP）数据

追着民宿去旅行 / 凤凰空间编. -- 南京 ：江苏凤凰科学技术出版社，2018.9
ISBN 978-7-5537-9382-5

Ⅰ. ①追… Ⅱ. ①凤… Ⅲ. ①旅馆－介绍－中国
Ⅳ. ①F719.2

中国版本图书馆CIP数据核字(2018)第145266号

追着民宿去旅行

编　　者	凤凰空间
项目策划	凤凰空间/杜玉华
责任编辑	刘屹立　赵　研
特约编辑	徐　磊
出版发行	江苏凤凰科学技术出版社
出版社地址	南京市湖南路1号A楼，邮编：210009
出版社网址	http://www.pspress.cn
总　经　销	天津凤凰空间文化传媒有限公司
总经销网址	http://www.ifengspace.cn
印　　刷	北京博海升彩色印刷有限公司
开　　本	710 mm×1 000 mm　1 / 16
印　　张	10
版　　次	2018年9月第1版
印　　次	2018年9月第1次印刷
标准书号	ISBN 978-7-5537-9382-5
定　　价	49.80元